Inhalt

MoMiG - Rechte und Pflichten des GmbH-Geschäftsführers

Kernthesen

Beitrag

Fallbeispiele

Weiterführende Literatur

Impressum

MoMiG - Rechte und Pflichten des GmbH-Geschäftsführers

C.F.Dobner

Kernthesen

- Das Musterprotokoll als Ausfluss der Überlegungen des Gesetzgebers zur vereinfachten Gesellschaftergründung ist nur in seltenen Fällen praxistauglich.
- Das MoMiG bringt für GmbH-Geschäftsführer deutliche Erleichterungen bei konzerninternem Cash Pooling.
- Von den gesetzlichen Neuerungen sind insbesondere auch Anstellungsverträge für Geschäftsführer betroffen, deren Anpassung zu überdenken ist.
- GmbH-Geschäftsführer sind bei

Finanzierungsgeschäften seit dem 01. November 2008 erhöhten Risiken der persönlichen Haftung ausgesetzt.

Beitrag

Das Anfang November 2008 in Kraft getretene Gesetz zur Modernisierung des GmbH-Rechts und zur Bekämpfung von Missbräuchen (MoMiG) bringt weit reichende Änderungen bei den Rechten und Pflichten des GmbH-Geschäftsführers mit sich. Das bisherige GmbH-Recht wurde seit der Novelle aus dem Jahre 1980 kaum nennenswert verändert. Diverse nationale und internationale Einflüsse, wie zum Beispiel die EuGH-Rechtssprechung oder Gesetzesmissbrauch in Krisenzeiten der Gesellschaft brachten einen erhöhten Reformbedarf.

Schwerpunktthemen des Gesetzgebers waren auf Grund der zunehmenden Globalisierung einerseits die Vereinfachung von Unternehmensgründungen und andererseits die Erhöhung der Attraktivität der GmbH. Selbstverständlich sollte mit dem neuen Gesetz auch die missbräuchliche Anwendung von Rechtsnormen in Krisenzeiten unterbunden werden. Im Bereich der Gründungsvereinfachung hat der Gesetzgeber ein so genanntes Musterprotokoll für die Gründung einer GmbH vorgesehen. Eine weitere

Vereinfachung stellt das beschleunigte Eintragungsverfahren beim Registergericht dar, da dieses nur noch bei erheblichen Zweifeln Vorlage von Dokumenten verlangen darf.

Zur Erhöhung der Wettbewerbsfähigkeit der Ein-Mann-GmbH im Vergleich zu ausländischen Rechtsformen wie zum Beispiel der britischen Limited wurde eine modifizierte Form der GmbH mit der Bezeichnung Unternehmergesellschaft (haftungsbeschränkt) geschaffen. Diese kann abweichend von einer konventionellen GmbH mit einem Stammkapital von nur einem Euro gegründet werden. Die Attraktivität der GmbH als Rechtsform wurde auch dadurch gesteigert, dass Gesellschaften nun einen vom Satzungssitz abweichenden Verwaltungssitz wählen können, zum Beispiel im Ausland.

Neuerungen, die insbesondere Geschäftsführer betreffen, finden sich unter anderem beim so genannten Cash-Pooling, bei dem Recht der eigenkapitalersetzenden Darlehen und der eigenkapitalersetzenden Nutzungsüberlassung, bei der Bestattung einer GmbH sowie bei den Neuregelungen zur Insolvenzantragspflicht. [(1)](), [(2)](), [(3)](), [(4)](), [(5)]()

Vereinfachung der Gründung der GmbH sowie die Einführung der Unternehmergesellschaft

Das MoMiG sieht im neuen § 2 Abs. 1a GmbHG ein vereinfachtes Gründungsverfahren vor. Dieses kann in Anspruch genommen werden, wenn eine Gesellschaft aus höchstens drei Gesellschaftern und einem Geschäftsführer bestehen soll. Diese Mindestvoraussetzungen zeigen bereits, dass das Verfahren nur bedingt einsetzbar ist. Für das vereinfachte Gründungsverfahren steht in der Anlage 1 zum neuen GmbHG ein notarielles Gründungsprotokoll zur Verfügung, in dem sowohl der Gesellschaftsvertrag und die Gründungsurkunde, als auch die Gesellschafterliste integriert wurde. Der Unternehmensgegenstand, die Firma der Gesellschaft sowie die Höhe und der jeweilige Anteil des Gesellschafters am Stammkapital müssen individuell ergänzt werden. Dieses Muster stellt sicherlich eine Vereinfachung bei der Gründung der Gesellschaft dar, fraglich ist jedoch ob diese Vereinfachung auch zu einer Kostenersparnis führt. Dies ist nur dann zu bejahen, wenn keinerlei Abweichungen vom Mustertext des Protokolls vorgenommen werden, da das Protokoll nach wie vor notariell beurkundet werden muss und sodann auf eine zeitintensive

Belehrung des Notars verzichtet werden kann. (2), (3)

Ernsthaft zu überdenken ist jedoch, ob die Kostenersparnis den Verzicht auf autonome Gestaltung rechtfertigt. In der Regel dürfte dies nicht der Fall sein, wenn mehrere Gesellschafter vorhanden sind, da das Musterprotokoll maßgebliche Zuweisungen für den Konfliktfall unter den Gesellschaftern regelt. Selbst bei nur einem Gesellschafter ist sich diese Frage zu stellen, da das Protokoll Fragen wie zum Beispiel die Übertragung von Geschäftsanteilen nur dürftig beantwortet. (2), (3)

Mit Einführung der so genannten Unternehmergesellschaft (haftungsbeschränkt) wurde ein Vehikel geschaffen, dass ausländischen Rechtsformen wie zum Beispiel der britischen Limited konkurrieren und damit eine deutsche Rechtsform international wettbewerbsfähig machen soll. Kernelement der Unternehmergesellschaft ist vor allem das Mindestkapital von nur einem Euro. Als Ausgleich für das fehlende Kapital hat die Gesellschaft jedoch in ihrer Bilanz einen Rücklagenposten zu bilden, in dem jeweils ein Viertel des Jahresüberschusses einzustellen ist. Ziel dieser Regelung ist das Erreichen eines Stammkapitals von 25 000 Euro.

Die strengen Maßnahmen des BGH beim Cash Pooling werden aufgebrochen

In den richtungsweisenden Urteilen des Bundesgerichtshofes vom 16.01.2006, Az. II ZR 76/04 und vom 05.05.2008, Az. II ZR 38/07 wurden enge Voraussetzungen für das konzerninterne Cash Pooling durch höchstrichterliche Rechtsprechung geschaffen. Die Richter des 2. Zivilsenates haben dabei § 64 Abs. 2 GmbHG äußerst eng auslegt. Kam der Geschäftsführer seiner Massesicherungspflicht bei einer insolventen Konzern-GmbH nicht nach, so war dieser mit seinem gesamten Privatvermögen in Haftung. Eine Verletzung der Massesicherungspflicht wurde dann angenommen, wenn der Geschäftsführer mit Geldern, die von anderen Konzerngesellschaften auf das Geschäftskonto der GmbH gezahlt worden sind, Schulden dieser Gesellschaften begleicht.

Von der persönlichen Haftung bei Einlagenrückgewähr gab es bisher nur zwei Ausnahmen. Die Haftung war einerseits ausgeschlossen, wenn die Leistung bei Bestehen eines Beherrschungs- oder Gewinnabführungsvertrages erfolgte, oder andererseits die Leistung durch einen vollwertigen Gegenleistungs- oder

Rückgewähranspruch gegen den Gesellschafter gedeckt war. An dieser Stelle schafft das MoMiG für den Gesellschafter zukünftig Entlastung. Der Geschäftsführer ist dadurch jedoch in der misslichen Lage, entweder ein persönliches Haftungsrisiko einzugehen, oder sich gegen den Gesellschafter zu stellen. (1)

Änderungen bei der An- und Bestellung eines GmbH-Geschäftsführers

Auch nach Umsetzung des MoMiG kommt dem GmbH-Geschäftsführer eine Doppelrolle zu. Einerseits ist er gesetzliches Vertretungsorgan der Kapitalgesellschaft, anderseits steht er mit der Gesellschaft in einem dienstrechtlichen Schuldverhältnis. Beide Tätigkeiten sind jedoch strikt von einander zu trennen (Trennungsprinzip). Die Bestellung zum Geschäftführer erfolgt durch Gesellschaftsvertrag, der notariell zu beurkunden ist. Auch ein Gesellschafter kann gem. § 6 Abs. 2 S.1 GmbHG grundsätzlich zum Geschäftsführer bestimmt werden. Bezüglich des dienstrechtlichen Schuldverhältnisses wird ein gesonderter Anstellungsvertrag zwischen der Gesellschaft und dem Geschäftsführer geschlossen. (3)

Die Aufnahme zusätzlicher Ausschlussgründe für die Bestellung eines Geschäftsführers

Als Person des GmbH-Geschäftsführers kommt grundsätzlich nur eine natürliche, unbeschränkt geschäftsfähige Person in Betracht. Neben allgemeinen Auswahlkriterien, wie zum Beispiel Loyalität, Eignung, fachliche Kompetenz oder Vertrauenswürdigkeit hat der Gesetzgeber im alten Recht gem. § 6 GmbHG Ausschlussgründe für die Bestellung einer Person zum Geschäftsführer vorgesehen. Diese Liste der Ausschlussgründe wurde durch das MoMiG ergänzt und die Regelung damit verschärft. Zu den bisherigen Ausschlussgründen sind weitere vier Gründe hinzugekommen. Ausgeschlossen vom Amt des Geschäftsführers ist damit auch:

- ein wegen vorsätzlich begangener Insolvenzverschleppung Verurteilter
- ein wegen vorsätzlich falscher Angaben nach § 82 GmbHG Verurteilter
- ein wegen vorsätzlich unrichtiger Darstellung n. §

331 HGB Verurteilter
- ein wegen allgemeiner vorsätzlich begangener Straftatbestände mit Unternehmensbezug Verurteilter

sofern die Verurteilung nicht länger als fünf Jahre, gerechnet ab Rechtskraft des Urteils, zurückliegt. Zwischen Verurteilungen im In- und im Ausland unterscheidet das Gesetz nicht. Auf Grund einer Übergangsvorschrift gelten die neuen Ausschlussgründe jedoch nicht für Geschäftsführer, die vor Inkrafttreten des MoMiG bestellt wurden. (3)

Das MoMiG erweitert auch die Haftung für GmbH-Gesellschafter

Hat eine Gesellschaft keinen Geschäftsführer mehr, so ist diese gem. § 35 Abs. 1 S.2 GmbHG als führungslos zu bezeichnen. Dies ist auch dann der Fall, wenn der Geschäftsführer aus bestimmten Gründen nicht mehr in der Lage ist, die Angelegenheiten der GmbH ordnungsgemäß zu besorgen. Seit Inkrafttreten des MoMiG ist in einer derartigen Situation eine drastische Verschärfung bei der Gesellschafterhaftung eingetreten, da Gesellschafter in diesen Fällen verpflichtet werden Rechtshandlungen für die Gesellschaft vorzunehmen.

Insbesondere sei die Insolvenzantragspflicht zu erwähnen, bei der es hinsichtlich der Haftung darauf ankommt, dass ein Insolvenzantrag ohne schuldhaftes Zögern (in der Regel innerhalb von drei Wochen) gestellt wird. (3)

Das Recht der kapitalersetzenden Darlehen - neue Hürden für Leveraged Finance

Das Recht der eigenkapitalersetzenden Darlehen war bisher in den §§ 32a, b GmbHG geregelt. Die Regelungen zu den Gesellschafterdarlehen wurden jedoch verlagert und in das Insolvenzrecht aufgenommen. In das GmbHG wurde dagegen eine modifizierte Rechtsnorm in § 30 Abs. 1 S.3 GmbHG aufgenommen, in der geregelt wird, dass in der Krise der Gesellschaft gewährte Gesellschafterdarlehen nicht mehr wie haftendes Eigenkapital zu behandeln sind. Ein Rückzahlungsanspruch gegenüber dem Gesellschafter und damit ein Ersatzanspruch gegenüber dem Geschäftsführer entfällt. Diese Regelung ist durchaus positiv zu bewerten, dennoch bleiben Rückzahlungen von Gesellschafterdarlehen innerhalb eines Jahres vor Insolvenz einer Gesellschaft kritisch zu beurteilen. Eine neue Hürde für Leveraged Finance stellt der neue § 64 Abs. 2 S.3 GmbHG dar, der eine persönliche Haftung des GmbH-Geschäftsführers für Zahlungen an die Gesellschafter vorsieht, die zur Zahlungsunfähigkeit der Gesellschaft führen. Um das Haftungsrisiko zu begrenzen, sollte der Geschäftsführer darauf achten, in Kreditverträgen stets festzuhalten, dass eine Upstream-Leistung nur in Frage kommt, wenn die GmbH danach noch zahlungsfähig ist. (4)

Fallbeispiele

Auf Grund des erst kürzlich in Kraft getretenen Gesetzes lässt sich die Praxisrelevanz der einzelnen Regelungen nur schwer abschätzen. Wie qualifiziert insbesondere die neuen Regelungen zur Insolvenzantragspflicht sind, wird die Zukunft zeigen. Von hoher praktischer Relevanz dürften derzeit jedoch die Regelungen zur vereinfachten Gründung einer GmbH, sowie die neuen Regelungen zur Bestellung eines Geschäftsführers sein. Festzustellen ist jedoch, dass auf Grund des MoMiG für deutsche Unternehmer die Attraktivität zur Gründung einer ausländischen Gesellschaftsform, wie zum Beispiel einer britischen Limited, deutlich abgenommen haben dürfte. Denn mit der Unternehmergesellschaft (haftungsbeschränkt) wurde eine international wettbewerbsfähige Rechtsform geschaffen.

Weiterführende Literatur

(1) Zu früh gefreut
aus Frankfurter Allgemeine Zeitung, 08.10.2008, Nr. 235, S. 21

(2) Von Mustern und Maßanzügen - nur in den wenigsten Fällen reicht das Musterprotokoll
aus Vermögen und Steuern 01 vom 02.01.2009 Seite 007

(3) Nach Inkrafttreten des MoMiG - Die An- und Bestellung eines GmbH-Geschäftsführers
aus Arbeit und Arbeitsrecht, Heft 12/2008, S. 718-721

(4) Neue Hürden für Leveraged Finance
aus FINANCE - Der Markt für Unternehmen und Finanzen Heft 11 vom 30.10.2008, Seite 070

(5) Heinze, Harald, Verdeckte Sacheinlagen und verdeckte Finanzierungen nach dem MoMiG, GmbHR-Rundschau, 20/2008, S.1065-1074
aus FINANCE - Der Markt für Unternehmen und Finanzen Heft 11 vom 30.10.2008, Seite 070

Impressum

MoMiG - Rechte und Pflichten des GmbH-Geschäftsführers

Bibliografische Information der deutschen Nationalbibliothek

Die Deutsche Nationalbibliothek verzeichnet diese Publikation in der deutschen Nationalbibliografie; detaillierte bibliografische Daten sind im Internet über http://dnb.d-nb.de abrufbar.

ISBN: 978-3-7379-0218-2

© 2015 GBI-Genios Deutsche Wirtschaftsdatenbank GmbH, Freischützstraße 96, 81927 München, www.genios.de

Alle Rechte vorbehalten. Dieses Werk ist einschließlich aller seiner Teile – z.B. Texte, Tabellen und Grafiken - urheberrechtlich geschützt. Jede Verwertung außerhalb der Grenzen des Urheberrechtsgesetzes bedarf der vorherigen Zustimmung des Verlags. Dies gilt insbesondere auch für auszugsweise Nachdrucke, fotomechanische Vervielfältigungen (Fotokopie/Mikroskopie), Übersetzungen, Auswertungen durch Datenbanken oder ähnliche Einrichtungen und die Einspeicherung und Verarbeitung in elektronischen Systemen.